詩般若

叶舟 著

湖南文艺出版社
HUNAN LITERATURE & ART PUBLISHING HOUSE

第一辑 河西走廊

第二辑 **敦煌卷轴**

第三辑 **敦煌短歌**

第四辑　有多少鸽子飞过了新疆

第五辑 **大唐西域记**

第一辑　河西走廊

飞将军

多少漠北　多少黄沙碧血
多少首级　篝火　杀戮和夜宴之饮

多少密集的箭矢　像冲突的内心
多少征衣　带着露水　多少寒凉

让一个人的骨格清丽　多少回望
多少难以启齿的爱　干涸到底

多少辞别　多少马革裹尸
在丘陵　雪山　戈壁　多少一览

无余的热情　寂灭成灰
多少速度　多少蹄铁和巨石

砌筑了飞行　多少奔跑和跌仆
青春　回忆　燃情岁月中的丰碑

多少结盟　但走下去的还是自己
多少宫阙与丹墀　一册山河里

多少开疆斥土　犹如血红色的
晚霞　犹如一张无辜的羊皮

多少书写　被暗自篡改
多少酒　胡舞　传唱　被夜色榨取

多少天空　忘了祭祀　多少
马背上的神祇　带着秘密的意志

多少里　才能反身看清自己
多少千回百转　配得上引颈一死

河西走廊

这一扇门虚掩　像恩情　并不来自典籍
这一条路吐丝　秘密经纬　构成了今日
这一角天空　鹰隼占据　麦子碰见了黄金

这个白面青年　步步生莲　前往西天取经
这位公主口音模糊　逐水草而居　一生和亲
这条走廊　横贯西东　观音和菩萨纷纷麇集

怀　想

那时候　月亮还朴素　像一块
古老的银子　不吭不响　静待黄昏

那时候的野兽　还有牙齿　微小的
暴力　只用于守住疆土　丰衣足食

那时候　天空麇集了凤凰和鲲鹏
让书生们泪流不止　写光了世上的纸

那时候的大地　只长一种香草
名曰君子　有的人入史　有的凋零

那时候　铁马秋风　河西一带的
炊烟饱满　仿如一匹广阔的丝绸

那时候的汉家宫阙　少年刘彻
白衣胜雪　刚刚打开了一卷羊皮地图

那时候　黄河安澜　却也白发三千
一匹伺伏的鲸鱼　用脊梁拱起了祁连

那时候还有关公与秦琼　亦有忠义
和然诺　事了拂衣去　一般不露痕迹

那时候　没有磨石　刀子一直闪光
拳头上可站人　胳膊上能跑马

那时候的路不长　足够走完一生
谁摸见了地平线　谁就在春天称王

在路上

我看见天空疲惫　那么高远的疲惫

比眼前的秋天　比这条长路
比一场恢宏的诵经声
还要疲惫　我知道她深情的来源
一切热情　开始成灰

可我　依然带着锄头
在天空的深处　收割着土豆　玫瑰
与所有心灵的食物
这是平凡且寂寥的人生　走在路上
才是我准确的宿命

累了　我就直起腰
靠在天空的身上　掸掉灰尘

饮下银河里的水

这时　那些灿烂的星宿　犹如鸽子
再一次起飞　为我引路

凿空

捎一朵莲花　开在肩上
递一幅佛像　挂在山上
捧一盏灯台　亮在晚上
做一个儿子　走在路上

寄一只老鹰　站在天上
端一碗净水　供在龛上
打一把金锁　扣在心上
拼一腔热血　活在世上

那一年的鸠摩罗什

那一年　与鸠摩罗什
邂逅凉州
四目相对　那一年
天下大旱　祁连山一带
百草不生　砾石遍布
那一年的晌午　往往
雨云饱满　转眼之间　却又
赤野千里　太阳吐着舌头
寻觅寺前的一片阴凉地
那一年，鸠摩罗什高鼻深目
不像一位王子，更像一介
佃户　那一年
鸠摩罗什戴罪在身　必须把天竺
翻译成汉语　顺便把佛陀
延聘于河西　那一年

鸠摩罗什身材修长　胡子发红
免不了回望龟兹
眺望西域　那一年的傍晚
皇上在梦中看见了桃花
大病初愈　有一些苍凉
有一些思念　那一年
野鸡无名　草鞋无号
鸠摩罗什仍是一只囚鸟
那一年　鸠摩罗什走出了塔影
困厄于凉州　左邻右舍
只当是一个怪物
那一年还有苍生　也有天下
谁遭逢了心中的苦海
方可称得上真正的人　那一年
井底干涸　乌鸦燃烧
唯有泪水才能熄灭一切的
愤怒　那一年
与鸠摩罗什邂逅凉州　彼此
不语　那一年的陈酿不错
于是会心一笑　把盏而尽
那一年　中原告急　长安吁请

对面的鸠摩罗什　却像
一枝莲花　次第　缓慢地苏醒

那一年吉兆　好事将近
那一年的天下大事　皆在《心经》

罗什寺

更多的时候　这座塔用了沮丧
和雨水来诉说机密　而不是
舌头或诗篇　太多的喊叫
一定会让月亮生锈　佛衣惊醒

那些细小的苔藓　丈量着
一个人隐忍的距离　当毛笔和龟兹
相遇　天空扔下了内心的舍利

唯有这广阔的燕子　知道
春天的失败　而后拿走了那份试题

秋草黄了

说话时　秋草已经黄了

我带着一根木头　从祁连山
下来　寺院颓圮　鸟巢危急
草原深处的一顶帐篷　以及
一个还俗的醉鬼　需要我接引

说话时　秋草全部黄了

其实　我只是一把钉子　带着
广漠的疼痛　来把天空扶起
让羔羊回家　在暴风雪之前
挂起一盏灯　要找见春天这个人

天梯山

我知道　这一切并非没有原因

带着草木上山
露水的早晨　一角湖水中
麇集着豹群　鹰部落　大象　佛陀
与油灯
这么久了　丝绸之路上
土匪剪径
坏消息不断
一个僧侣暂无音讯
我真的知道　这一切并非
没有原因
中午时　我在山顶晒经
一阵狂风
令天空失色　字迹隐匿

即便石窟内供养着今生今世
一幅壁画
也难以诉说庄严　和秘密
傍晚　我在山下驻足
等一个人前来
朝贡　点香
可银河灿烂　繁星奔走
一种怀腹的伤感　开始
半夜鸡叫
马不停蹄

——这一切　并非没有原因

绿洲上的鸦群

这些野孩子　蓬头垢面　掠过了
河西的麦田　惊醒了文庙中的孔子

这些天空的囚徒　拉开傍晚的黑幕
越狱　遁逃　去完成一个季节的救赎

这些光斑　来自史前的岩画　前一秒
喑哑　后来聒噪　仿佛《山海经》中的雨滴

这些残损的贝叶经　用羽毛　用了黯淡的
心跳　给莫高窟打上　苍凉的补丁

这些魂灵　乃绿洲一带最微小的秘密
当风沙吹袭　它们慌忙扶住了大地的天平

祁连山记

其实　我们把头顶上的事物
都叫天　比如星辰　云朵　四季
和如水的天命　更多的时候
我们也把佛陀　父母　三尺之上
的神明叫天　这不言自喻
甚至有一些哽咽　春天时
巨鹰挂在了天上　像一个人
怀腹的伤情　神秘短暂　而到了
秋季　雁群怒放　经书闪烁
一段冥想的日子余味悠长
是的　我们把内心的一些珍重
称作天　诸如恩养　觉悟　一刹那的
泪水与感动　在生而为人的世上
有时候邂逅　有时候走散
但天意难问　偶尔　五谷和蔬菜

香火　梵音　百姓与子弟也构成了
一片天　站在苍茫大地　彼此呼应

此刻　祁连如天　落日如金
在可汗与英雄滚滚消失之后　我们
像守着一道律令　决不改口

巴丹吉林深处

深处的大漠　春天开花
秋天有鱼　甘泉之下埋着一本圣经

姑娘们全部开放了　细碎的花朵
用沙粒　用了心跳和结晶　兀自绚丽

豹子经行　乌鸦啼叫　即便
有一种处世的哲学　也无人皈依

早年间的商贾　以及驼队和刀客
在最后一场风暴里　杳然无迹

辛丑年　农历四月　天象凶险
由晴转阴　龙门客栈里只有一位僧侣

金镶玉　红拂女　这起伏的沙丘
像一段柔软的腰身　泌下汁液与爱情

罂粟时节　有人寄赠了一只公鸡
有人在研磨药草　看见了八百里快递

皇帝尚未动身　长安城里香火炽烈
唯有这避难的一隅　电闪雷鸣

胡杨在打制金箔　游移的水泊可以
浣洗前世　让今生去悄然显影

在深处的大漠　两个哑巴　巴丹
和吉林　守着天赐的机密　昼夜轮替

刀客传

刀客是不留名姓的　包括度牒　行囊
草鞋和刀鞘　不问来路　亦没有归途

在浩荡的烟尘中　刀客只身上路　独步
东西　不为人役　但也不被人欺辱

鲜为人知的一幕　一只巨鹰　磕头
换帖　成了刀客的生死兄弟　上下呼应

在这条路上　刀客簌簌而走　让你误以为
他是打铁匠　农夫　买卖人　或者别的身份

刀客一般哑巴　面无表情　不轻吐然诺
万人如海　刀客也像一块黑板　只字不语

脚下没有阴影　刀客像天山上的雪花
也好比一粒飞沙　唯有菩萨才能看清

那一天　龙门客栈　一群醉鬼来寻衅　刀客
抱拳求饶　幸而碰见了金镶玉　这才解围

有人透露　刀客的确痛哭过一场　不在闹市
也不在郊外　中秋之夜　哭倒在了庙顶之上

刀客嗜酒　曾在祁连山擒过熊　捉过豹
旱地拔葱　还在凉州城的鼓楼上　凌波微步

平素里　刀客喜欢晒老阳儿　像一卷摊开的
血红色羊皮　不知寒暑　也不论阴晴

然而　没有谁见过刀客出刀　他担了一辈子
好名声　最后却失踪在了漠北　尸骨无存

传说　刀客一直在等那个人　对方出了
嘉峪关　便再也没了消息　于是一切成谜

马蹄寺石窟

天空鸦雀无声　天空之上的草原
已经秋季　天空泛黄　像一册贝叶经

一定这样　天空藏着什么　但哑口不语
天空仍旧老样子　拈花一笑　继而阴晴

阿妈说

那一年　他在山上饮马　红脸膛
铁脊背　那一年的泉水里还有鱼

那一年的青稞茂密　牛羊长膘
我翻过长城去拾苜蓿　身上怀着你

那一年　凉州城里的哑巴忽然开口
菩萨也离开了寺院　来不及锁门

那一年的祁连山　豹子吃素　书生
闭关　有人还捡到了一只凤凰的耳环

那一年　来自长安的使团　停了三天
他们晚上望月　说月亮上开始冒烟

那一年的集市　醋不酸　盐很涩
妇人们提前买下布匹　缝起了尸衣

那一年　肃州城弦索不断　夜宴连绵
铁匠的铺子　早已转行成胭脂店

那一年的开头　并不比年尾好上
许多　经年的皇历　也没有一丝朕兆

那一年　和亲的公主没有了消息
河西一带　土匪们也杳无踪迹

那一年的下午　他骑马下山　朝我
挥了挥手　迎着匈奴人　再也没能回来

旧日使团

使团到来的日子　客栈的
公鸡　梦及了右贤王失足坠马

一病不起　那时候　帝国的北方
迎来了夏季　关于苜蓿　关于

版图和龙城　尚在以后的叙事里
洒扫庭除　开门纳客　长安的

青年张骞　第一次投进了
河西一带　惊诧　长跪涕零

哦　那一刻气血奔涌　那一刻的
汉家宫阙　诗词用来下酒

明月可以洗心　没有人去追究
雄心的疆域　如同天空不会怪罪

巨鹰的轨迹　持节的人　就此
质押自己　让时间一点一滴

磨砺成针　绣入一片曙色中
成为传说　以及漫山遍野的今日

思　乡

那一刻　东山顶上　也鸦雀无声

思乡必须用一支羌笛　坐在烽燧
东山顶上　没有别的　除了一轮
明月走来走去　这个人从前世
来到了今生　竟也口说无凭

那一刻　明月也无辜　迁徙至此

坐在烽燧　独自守着秋寒与大地
内心却狼烟四起　热泪满地
往事般般　一切都凉了下去　包括
青春　爱　故园　江山与皇帝

偈 语

我体谅自己　这一生都在路上
寸步不离自己　也没有丢失一点一滴

我体谅这一条路　始终扶住我
用飞鸟的心　蚕的速度　慢慢抵近

我体谅天空　不弃不离地照彻我
在夜晚仓皇不已　在白天有一份伟岸

鹰　说

群山如佛　我骑着一阵风
守住天空这一本经书　以及

书里的谶言　爱　流亡和秋天
因为生命都在路上　偶尔的

雨滴　白云的反射　会让他们
认出我　并且知道了孤独并不是

一件可耻的命运　我在天空
栽花　用银河浇灌世上的张望

大地起伏　我点起太阳这一堆
篝火　我用月亮舀酒　陪着

普天下的爹娘　村庄　井水
和洞房　等待远去的儿子们

策马归来　痛哭一场　我还要
骑住一缕夕光　像一介红衣

僧侣　安抚下旱獭　牛羊　毡帐
好日子毕竟短暂　每一碗饭

其实都恩重如山　在边疆
在这悲痛的北方　和平喘息

铁骑叩门　一些血腥的罂粟
开始长驱直入　于是我派遣了

乌鸦　马灯　霹雳　一路上
拉响警报　去追杀狼烟　是的

这就是一次死生　我踩着天空的
巨石　为大家守住　这最后的退路

问　天

太阳　请你从高高的天上下来
回到我们中间　请你下来
照见脚　泪水　青稞和暴雪

月亮　请你从远远的山上下来
钻进帐篷里面　请你用水
让灯笼　嘴唇　佛经慢慢醒来

爱情　也请你从虚空里下来
站在我的肩上　请你蹲下
把心　菩萨　悲伤　一起供养

留　言

给这条路留言如下　尤其在黄昏
当一队僧侣和飞天走出了莫高窟
不必点灯　因为豹子还在守护

给正午留言如下　如果一把刀子
开始寂寞　不必在日光下去磨
因为仙鹤在祷告　天空是一座教堂

给湖水留言如下　那些倒伏的芦苇
不必搀扶　包括金鱼　海马　珊瑚
以及岸上的一双草鞋　因为菩萨在沐浴

给天马留言如下　除了怯懦
所有的上帝都长羽毛　请把佛龛
扛起　这一盒茶叶必须在春天投递

给灯笼留言如下　其实告白
或忏悔　都需要一种焰火的提醒
谁邂逅于凉州　谁就率先掏出泪水

给青稞留言如下　当冬雪渐近
那些芍药和玫瑰陆续下山　这时候
一定的谦卑　千万不要告知枞树

给公鸡留言如下　抱歉　这么久了
我第一次坦白　黎明不过是一封
迟到的书信　事关早年间的公主与和亲

给爹娘留言如下　见字如晤　儿长跪
不起　在这悲痛的北方　我靠大雁取暖
用思念度日　然而匈奴未灭　何以家为

刀　子

刀子说　不是问题　一切都将
迎刃而解　在这条长路上　我说了
还算　除非有一把刀鞘　叫天下

刀子说　我守着佛像和灯笼
在这个寒冬　还得照料两个婴儿
一个是红隼　一个是旱獭

刀子说　游击于旷野上的土匪
也有好的一面　呼啸东西
杀富济贫　我尽量绕开他

刀子说　沙州城外的一亩麦子
皇城草原有一顶毡帐　我离开
许久了　是不是别来无恙

刀子说　我三教九流　认得
色目　吐谷浑　突厥和吐蕃
这些远来的人　跟我没什么两样儿

刀子说　有时候我去石窟里
点灯　偶尔　飞天娘娘会拦下我
询问春天　我一般笑而不答

刀子说　酒是一个换命兄弟
我醉倒时　他往往扶起我　让我
看见天空太深　自己很轻

刀子说　我在凉州淬火
在天山顶上磨刃　只有深刻的
疲倦来临　我才会闪烁一次

刀子说　那一年我追随少年将军
霍去病　后来又挂在忽必烈　窝阔台的
腰里　我一世清白　像一份铁证

刀子说　我曾经深爱过　在那个秋天
我拨开了枯草　河流　山峦　我对着
整个北方　大喊了一声　和平

瓜州古琴

那一刻　剑客身陷漠北　不可自拔
那一刻　蜥蜴踩着一根闪电　掏出了火镰
那一刻　青铜枝下　羔羊找见了乳头

俄顷　胡杨林中　骨头拾起了黄叶
俄顷　一匹哈达进入了长安　梵音不绝
俄顷　多么肥沃的爱　陶醉并且吮吸

敦煌太守

我翻开名册　找见色目　突厥　吐谷浑
和匈奴诸人　我分发锅盔　告知纪律

城门开启　我替帝国守住贸易与秩序
典当行质押了一只狮子　听说来自埃及

玻璃是一种好东西　内外一致　却又
隔着一层太虚幻境　我急递长安　请皇上

签字收悉　偶尔　会邂逅喷火小丑
与杂耍艺人　娱乐大众　博人开心

我一律放行　春天时　弦子和霓裳
开始叩关　尘暴四起　天空失血

这时候必须筑坛作法　央求清明
六月里　西瓜从天边滚来　屁股后面

跟着葡萄　胡萝卜　番瓜和大蒜
我另有一只琵琶　凤头之造型

点灯入夜时　它往往让帘子后面的
家伙　忆起故土与哀伤　欲罢不能

秋天是一只碗　酒水无情　我蘸下
一滴思念　抄录了李太白和《心经》

弧形的边疆　在辽远的地平线一带
有我治下的麦田　水渠　戍卒与人民

白雪之季　我在旷野上勘察足印
有一些归顺　另一些逆袭　而更多的

都是于罡风中喘息的生灵　恩威并施
我纵容过它们　走私入境　因为

每一件生命绝非易事　守着敦煌
守着这一座石窟　我和墙上的般般

诸神　一同老去　天空婆娑不已
我一生与自己面壁　看日落月起

莫高窟

窟子里　早上和佛陀碰面
供养三牲　而后清水泼街　洒扫
内心　去往集市　采买菜蔬与香烟

窟子里　请神仙眷侣们下来
晒晒正午　打个瞌睡　如果凤冠
有恙　霞帔撕裂　顺便拿起了针线

窟子里　给人间点灯　提起
笔墨　记下这一天的流水　有人
生育　有的人寂灭　如此而已

窟子里　与莲花对坐　彼此
心知肚明　这沸腾的世界归于静谧
像一盘棋　始终没有下毕

求法僧传

我磕下的每一个头　都是菩提

明月正在修复　明月千里
明月在路上就仿佛我的母亲
我拾起落叶　字母　慈悲与佛经
我浇花种树　眼含长泪
那么久了　这条路就成了
命运的坛城　我找见了果
而今　却不知道一切的因

鸽子也无辜　鸽子飞过了边疆
让明月做了靠山　我拿起
这一支羽笔　蘸下黑夜
与尽可能多的失败　开始抄经

沙漠之书

我翻到了大段的空白　看见
天空的祭台　恒河沙数　一种
寂灭的齑粉　不曾记载　页码全无

我找见了光辉的败北　犹如
民众或羊群　在这一片荒凉的海面
孤筏重洋　谁都没有一张致命的底牌

那一年的骆驼队

那一年的骆驼队　走了
就没能返回　敦煌城不大
关门靠近了戈壁　端一碗水
能跑三个来回　就是碰不见
那一位麻脸的钦差　听不到
熟悉的响铃　那一年的骆驼队
鲜衣怒马　带着蚕桑　五谷
茶叶和景德镇　一个个
葵花似的少年人　翻过月亮
与墙城　捎着土匪的首级
走了　就没再返回　那一年的
骆驼队　肩膀上跑马
头顶上飞鹰　据说都是长安城的
子弟兵　那一年之后
数完了全部的指头

如今连皇上的十三道金牌
也充耳不顾　一直不回
真的　那一年的骆驼队
望不见首尾　一头在天山
另一头在阳关　最前面的一位
好像佛陀下界　普度苍生
带来了一场深刻的春水
那一年的骆驼队　像一粒沙
归入了瀚海　走了就不再
返回　眼泪是咸的　心是肉长的
天下爹娘也都是瞎的　唯有
窟子里的诸位菩萨　悄然低眉

月 牙 泉

在月亮里洗沙　在月亮的深处
牵出一匹马　打开栅栏　看见阳关

之上　刁斗高悬　法相庄严
人世间又开始了一场春风拂面

于是　在月亮里种花　在一池
闪烁的金鱼中　找见那一只

走失的仙鹤　请它秘密地施法
辞退戈壁　拿走砾石和泪水

让长路上的人们　饮下
步步生莲的朝露与晚霞　接着

在月亮里写经　在月亮的身上
伐下一株丹桂　供奉在莫高窟以西

让敦煌的飞天们　遍体馨香
好像生命是一场盛宴　不忍离席

夜　宴

今夜　篝火正旺　飞天麇集
需要把羊群赶下月亮　走上支架
慢慢烧烤　需要一本世俗的圣经
撒上孜然　香果　哲学和盐　顺便
把世界请在一侧　与沙漠共饮

今夜　泉水滚烫　宜于沐浴　沙州城下
走来了一位龟兹王子　他滴血的爱情
哽咽无语　而一册吐火罗的文书
被神秘破译　谁发现了这个秋天的机心
谁将走上舞台　诉说狮子的生平

今夜　请佛陀打酒　让全天下的
菩萨酩酊一场　如果天空仍不够热烈

就把灯点进石窟　让印度的大象
和波斯的斑鸠　一起颂唱　即便
彗星陨落　长安城里的皇帝突然暴毙

当年的天马

当年的天马　在天空吃草
在月亮上饮水　脊背上埋着
经书与佛窟　像一个避世者
带着火种　不肯示人　当年的
天马　没有羽翅　也没有
羁绊　仿佛黄昏是一张琴
而黎明不过是一个哑子　需要
仙鹤保密　让壁上的飞天们
负心离去　当年的天马
驶离了凉州　在甘州说法
又在肃州燃灯　让天下的
僧侣们衣钵传习　以此觉悟
生命不过是一场短促的宴饮
当年的天马　劈柴　耕地
谨守四序　像一位苍老的祖父

知道分寸　而从不逾矩
在早期的公社　有一场唐突的
婚礼　继而开始了家族的繁息
在渥洼池边　当年的天马
邂逅了一亩芦苇　他沐浴一新
放生了金鱼　桃之夭夭的
天气里　有一朵云　下凡为人
于是此生　和我结为了兄弟

天　边

天边下了一场雪　天边的早上
佛和弟子们留下了足印　去向不明

天边的一堆篝火　从汉代伊始
一直在炼丹与冥思　却不入史记

天边的集市上　有一块波斯的
玻璃　有价无市　里外透明

天边有一种薤草　祛除瘴气
从《三国志》蔓延到郊外　流布至今

天边的鸦群　像一本供词　从突厥
至龟兹　从吐蕃到吐谷浑　需要翻译

天边　一块铁正在锻造　它火红的
闪烁和缄默　像一种饥饿的表态

天边的花名册里　一些隶书　一些
汉简与文牍　按下心跳　躲进了石窟

天边以远　秋千架上　春天在瞭望
而大地抱着一只鹰　在慢慢变凉

问　道

走了这么久　天空也开始发旧

我吹掉灰尘　打开这一本
毛边书　我逐字逐句
去寻找一点晴朗　一些游移的湖
和那些悄然隐匿的民族
我像一只海螺　被抛在岸上
内心的轰鸣　让整个北方
风吹草低　一片荒凉

天空也已经生锈　我还在路上

其实　对命运我早就
会心一笑　我在祁连点灯
安葬下雪豹的尸骸　疏勒河上游

和一群老鹰歃血为盟

秋天时　我要卷起一亩青稞

一册经书　尔后的日子里

马不停蹄的悲哀　才不会把我冻伤

丝路笔记

在辽阔的尽头　找见大麦　小麦
和玉米　告诉它们说　赶快　秋天来矣

在沙漠北翼　拦下石羊河　青土湖
和一群斑斓的金鱼　让它们掉头往西

凉州城外　突然邂逅了鸠摩罗什
发现他粉红色的舌头　将成为一枚舍利

玉门关下　人烟稠密　我走出客栈时
一个印度　一个埃及　几乎和我打头碰鼻

半夜里　渥洼池畔　一匹晴朗的白马
刚刚洗浴　月亮像它的另外一个兄弟

天亮时　我把羊群赶下了云朵　让它们
在日光下翻晒经书　嘴里背诵神圣的嘛尼

又及　我还带着鹰隼　狐狼和豹子
深入祁连　访贫问苦　收缴了全部的暗器

再及　那一亩猩红色的罂粟　开在
永昌城里　和高鼻深目的罗马人一般神秘

九月初八那天　我在莫高窟下　望见
佛陀捧着一筐子菊花　走进了墙上的壁画

我匍匐于途　像一盏空荒的杯子　其实
一滴秋天的眼泪　我就会破碎　是为补记

过天山

一匹马　站在天山顶上
饮冰　吃草　披发修行
译介佛经　一匹白马
探出了身子　在湖水里问鱼
与雪线以上　比试耐心
并打出了历史性的响鼻
一匹红马　始终面壁
因为人世上的一些遭际
一些感情　欲说还休
让这个匿名的僧侣　扪心自问
找不见结尾　一匹灰马
走进了课堂　在白色的
黑板上　写下了豹子
和一只羚羊结拜的奇迹
一匹黑马　闭关已毕

刚从洞穴里走出　它捧着
一块炭　向太阳取火
向整个南疆　借了一碗
穆塞莱斯美酒　一匹天马
面红耳赤　敛下了翅膀
兀自坐在这恩情的大地上
它有四个好兄弟　春夏秋冬
拾级而上　破门闯进了
这一座大雪纷飞的聚义堂

事实上　天山如马　在辽阔的
牧场　我生于 1966　属马

第二辑 敦煌卷轴

卷轴：马

马说　大雪是我的另一件外衣
黑夜没道理　黑夜剥夺了它

大雪是我从印度领来的
曾经包扎过佛龛　经书和伤口

一切还来得及　我开窟　藏下了
它们　包括世上的全部心事

卷轴：雪

雪是蓝的　雪下到最深处
有一种幽蓝的嗓音　像一个人
起身　喊醒菩萨和石窟
开始点火　御寒　秘密过冬

或者不　那一刻　我捧起
雪花　去给经书和油灯沐浴
而后用罡风　一页页晾干

卷轴：月亮

这个孤独的人　停在
敦煌　若有所思

这只盛开的羊　卧在
天上　像一块白银

这卷打开的经书　铺在
头顶　云雨将临

这位远来的菩萨　站在
世上　一直笑而不语

卷轴：沙

在沙漠上
种下沙子　递给
一盏灯
让它去找水
顺便　把人世上的荒凉
挨个儿
照亮

在宽大的人世上
觅见那一枚　永不
发芽的沙子
佛窟为证　义结兄弟
让它疼在心上
如果敦煌大雪纷飞　我亦
电闪雷鸣

卷轴：深秋

这一季　我们站在岸边　看见
河流　慢慢冻住　像一个人
到了暮年　开始空旷和回忆

那些白杨　高大　明亮　遍体黄金
像佛陀　更像远路上的马车夫
眼含热泪　靠住荒凉的天空

往往这样　等我们安顿好雪山
戈壁　流沙和汉简　生一堆火
烧烤土豆和清贫　方能忍下今生

卷轴：毛笔

今天的涂鸦　并不比
往日的牧养　来得更为丰美
菩萨跟我出关的那天
鹰隼飞绝　奶茶凉却
像一支惊骇的毛笔　写下
失败的旷野　阅后焚毁

然则　那些神圣的灰烬
才是一个人内心的墨汁
抄下江山　祷辞　梅花
以及来世　在石窟中　如果
一支毛笔不是灯台　至少
藻井之上的莲花　需要修订

卷轴：帐篷

上午时　我跟羊群挤进
敦煌　捡拾露水和贝叶　看见
法台温热　佛刚刚出门接诊

中午时　鹰隼落地　告诉
我一个消息　有关石窟里
飞天娘娘的裙裾　缝补完毕

傍晚时　我被莲花绊倒
发现河流的两岸　菩萨们
正在施洗　带着月亮与麋鹿

整整一天　几乎忘了
天空这一座帐篷　抬头时
看见落日沸腾　像我的一段少年

卷轴：法会

灯在油中
灯是羊群的举念
灯的摇曳里　诵声朗朗
灯也疼痛　伸手不见五指　喊叫自己
灯策马而至　深夜的鸦群　纷纷避离
灯仿若一尊金刚　坐在法会之中央
灯广洒甘露　人们放下一段悲凉
灯下　阿妈缝完了靴子和袈裟
灯的尽头　有一扇不二法门
举灯　我们进入

卷轴：骆驼

悠远的　乃一地破碎的响铃
悠远的　乃离开了佛窟的十三个孤儿

悠远的　乃地平线上的一根根骨殖
悠远的　乃热烈的今生　流失如沙

卷轴：寺

耳朵一样的小寺　没有出处
亦无香火　像一个疲惫的人
停在沙山外　灰心丧气

但我知道　它内心的天空
一直鲜花着锦　观听着
世上的声音　不发一语

偶尔　我邀约斑鸠　雉鸡　以及
神仙们坐下对饮　更多的时候
带来扫帚和水　闭关三日

卷轴：秋草

秋草是上一世的流寇　席卷
而来　带着普天下的黄金
枯坐大地　施舍穷人和敦煌

不错　佛要金装　一些牛羊
一些马　咀嚼不止　而心灵的
拌料，一般由痛苦来构成

卷轴：羊

羊是秘密的　羊带着口谕
在石窟的两岸　埋首不语

更深的夜里　羊开始弘法
端坐敦煌　说出这一世的真谛

一般来讲　羊心无芥蒂　一旦
站在了餐桌　经书便不值一提

卷轴：棉花

棉花丫头
雪白的丫头　大脸盘丫头

棉花妇人
健壮的妇人　大屁股妇人

棉花阿妈
纺线的阿妈　大手大脚的阿妈

棉花是世上的蜂蜜
夜里　又是佛陀的袈裟

卷轴：风

黄昏一带的事情　木鱼
说了不算　比如暮色沉降
佛窟暗哑　壁画之上的一些
粉饰　渐渐剥离　空旷的
人世上　风像一个点灯者
带着火镰　取暖煨心

更可能　风是一只羔羊
走失良久　从白昼的暗影中
踱出　它的秘密来自天庭
需要在羊圈里　放下悲凉
经卷　牺牲与供养　在黄昏的
敦煌一带　火却突然失效

卷轴：尘暴

不然　这就是一些作废的辞藻
被天空批复下来　打入冷宫

不然　这就是飞鸟过后　那些
头顶的辙印　莲花不再

不然　这就是枯枝败叶　散场后
各自西东　一个人寒凉下去

尘暴的天气里　偎在石窟中
细数沙粒　却看见菩萨推门而入

卷轴：鹰

这个看门人　甲胄在身　独步
天庭　谁都知道　在云层的上方
安放着佛龛　经书　菩萨和爱

谁都知道　这是普天下的财产
人手一份　不会取之不尽
在敦煌以远　藏着最后一把钥匙

或者　我就是钥匙上的锯齿
一些悲伤　一些痛楚　上下
嶙峋　带着日光的一捆捆　荆棘

卷轴：河流

河流走出了沙漠　并不曾
告知　那些途中的真相
因为亲切的敌意　水与流沙
媾和于八月　让佛子
白马　经卷与袈裟　依次
穿凿其中　留下背影
和莲花　又被天空默诵

河流说　这些鱼群　鸥鸟
化石与鸣禽　其实是
一次次古老的掌声
那一刻　敦煌站在了芦苇
丛中　并在灵岩上开窟取土
在宽阔的水面上　菩萨们
带着一千零一夜　安然入驻

卷轴：马车

天上的马车　和秋天
一样　空无一物　除了
泪水和石窟　一些
壁画　需要重新虚构

需要虚构的　还有麦地
鹰隼　狐狼　以及大雪之后
佛的足印　其实什么也没有
被带走　包括天上的马车

卷轴：黄昏

而黄昏　是一种崎岖的
说法　因为更多的羊只
和灯盏　走入了敦煌　成为
流沙坠简　打坐世间
这一刻　夜宴已毕　菩萨
与佛陀　走上了壁画
秋天在逡巡　黄昏时
那些寂灭的鸣禽　秋草
画工　释子　如果不是
恩情的儿女　便是失而复得的
舍利　卷起天边的夕光
带进石窟　开始今生的勾画

卷轴：道士

道士下山　并不曾分庭
抗礼　他悠远的前世　来自
一只灰鹤　被天空辞退

灰心名利　远走西域
在敦煌　假如一座砖塔　可以
总结今生　那又何乐而不为

在逼仄的藏经洞中　地契
绢帛　佛纸　木简　生命的
哀凉也不外如此　令人窒息

于是破墙　在月光下坐地
分赃　我碰见他的时候
他乌鸦一笑　自称圆箓姓王

卷轴：乌鸦

用乌鸦这一瓶墨水　写下
节度使　度牒　入境报告
和健康指数　但必须忽略一切
涉黑的辞藻　因为先生不爽

用乌鸦这一盏油灯　熄灭
月色　李白　泥金的佛卷
以及秋天的芦荻　尤其在冬雪
之前　菩萨化缘在外　石窟空虚

用乌鸦这一双草鞋　走过
关城　烽燧　焉支山
与额济纳一带　喊醒羊群
喊来马匹　守住北方以北

第三辑　敦煌短歌

咏　叹

白云悲伤么？白云的
悲伤不告诉我，因为
它身旁坐着佛陀。

鹰悲伤么？鹰的
悲伤看不见我，因为
它的翅膀披满了佛光。

石窟悲伤么？石窟的
悲伤已经熄灭，因为
鲜花和飞天在此出没。

我悲伤么？我的

悲伤显而易见，因为
大地寒凉，已是秋天。

……这高地，这永恒的使命，却依旧滚烫。

阅 读

在修远的地平线上，
……一介释子。

我读到了尾声。
我合上书中的流沙
与脚步。
秋深了，一杯酒
就此转凉，
却看不见那一只大雁，
脱下袈裟，
诉说来路。

在天空的纸草上，

我临摹、描画，并慢慢
写下两个字——

神态！

苍冷如墨

用流沙抄经，顺便找见
蜥蜴、响蛇和雉鸡的巢穴，
不打招呼，推门而入。

用雨水抄经，往往在午后，
一卷沙尘，落在头顶，
像张王赵李，喊不出名姓。

用指血抄经，如果一些往事，
由黑变红，当然
说明了一个人，大病初愈。

——傍晚提笔，我突然想死了
这个人间。掩上柴扉，
石窟内，唯有泪水，苍冷如墨。

石窟下的麦地

这一块麦地，属于人间。

要不，菩萨
也不会捡来露水
和风，让它们埋在冬季，
却在春天开口。要不，
佛陀也不会净手，
借来月光，
让它们秘密发芽，
说出上一世的缘灭，
以及今生的因果。
要不，一个少年
在禾穗中奔跑，
骨骼在拔节，
鹰隼提携，偶尔的

跌倒，像一次
勇敢的试炼。要不，
让我把石窟喊醒，
把天下的麦子，
全部喊熟？灯下，
一家人围坐，
这个晴朗的少年，
原来是，我的父亲。

确　认

从壁画上下来，就再也
没能回去。

拾柴，吹火，煮粥。
到了正午，
又诞下一群儿女，
放入羊圈。
剩下的事情，就是
一灯如豆，
在傍晚穿针引线。

石窟是黑的，
人世上也没有一扇

轻松的门。
从壁画上下来的
菩萨，早已
是我的母亲。

叮　嘱

将一盏灯送进
石窟，也别忘了
带一把青稞。

将一棵菩提
栽上壁画，也别忘了
供一碗净水。

将一尊佛像请进
敦煌，一定别忘了
养一对羔羊。

菩萨不会走。
可万一走了，这些
就是我们疼痛的拌料。

敦煌的雨季

雨下进洞窟，
并不像那些沙粒，
可以破土、萌芽，抽枝散叶，
写下秘密的经书。
雨，一旦落下，
那些白杨树上的鸦群，
将要摘下面具，
有的成修士，
剩余的，则是兄弟。

下雨时，一匹发光的马，
也会卷起壁画，
驮起菩萨。

如果有一盏灯更好，
可以看见藻井之上的
那朵白莲花，
原来，是牧羊的卓玛。

一座桥

清早。那一座桥上，站过道士、马和佛塔。
雾的下面。菩萨拾起字纸，装订佛经。

石窟锁闭。秋天来了，秋天并不是孤身一人。
番茄和玫瑰来自西域，水土不服，不免眩晕。

那一座桥，左面叫此生，右面是彼岸。
引舟如叶，我用秘密的诗行，供养经年。

正午的烈日

趺坐石窟，
与大象、狮子、蛇，以及
藤萝和菩提；
与世上所有的鸣禽和花草；
与佛陀和苍生，
一起吹熄灯台，
仰首问天。等待莲花藻井上的
一滴水，
普度
而来。

一滴慈悲的水，
广阔的水，将被天空的恩情，
慢慢
挤下来。

而洞外，烈日飞卷，带着一种
清醒的黑暗。

事　件

我丢了一粒沙子。

刚才，就在一只
仙鹤擦过头顶，
它的翅膀忽然变凉；
就在月牙泉边，
一只鱼，吐露心扉，
说看见了第一块
世上的冰；就在
芦荻悲鸣，
羊群开始打草，准备
御冬的干粮；
真的，也就在我走过
鸣沙山之际，
我丢了一粒沙子，

一滴坚硬的
眼泪。

秋天来了。秋天一定拾走了，
地上的东西。

过 关

在掏出度牒之前；
在查验口音，塞上小费之前；
在公鸡报警，帝国的税官酩酊之前；
在寡妇有喜，踅进客栈之前；
在下一个商团失踪之前；
在理发馆里有人净身之前；
在空洞的口号站上城墙之前；
在干旱丛生、灯笼吹熄之前；
在玄奘寂灭十三年之前；
在党参和锁阳于长安热卖之前；
在陛下肾虚、恍兮惚兮之前；
在一首边塞诗被走私入境之前；
在玉门关下，玉碎之前——

那一刻，唯有稗草
和这个时代的君子与义士们，
纷纷倒地。

敦煌札记

沙子在鸣沙山上，
并不叫沙子。
鸣沙山上的
沙子，其实是
一个个仓皇的释子。
有的掩面，
有的哭泣，
更多的人秘密抄写，
记下道路、美和脚印。

月亮在月牙泉上，
也不叫月亮。
月牙泉上的

月亮，其实是
一只只滚烫的白羊。
有的润笔，
有的研墨，
更多的人献上自己，
用皮革装订出馨香的佛经。

渥洼池中的天马

那一切，不过是倒影——

马在天上，
像一块巨石，
镇住云朵、罡风和星辰。
马驮着经书，
晾晒着世上的贫穷、
疾病与荒凉，
迟迟，不肯飞行。

马在啜饮，
如果熄灭的灯台，
是一群哑孩子，说不出

人间的秘密。那么，
天空将慢慢矮下来，
拆掉门槛，让他们
统统跑进佛陀的花园。

杏子熟了

有一些心事，将成为
春天最早的供果。

我和菩萨们挤在
园子里，拾起法会之后
丢失的经册、残叶
与灯台。夜里有雨，
但一些秘密的灰烬，
并未打扰藻井一带的
趺坐和冥思。
不能原谅的花朵，收起了
身上的线条
和色彩，侧立壁上。
像一个倔强的孩子，
开始试探，春季莅临，

以及整个天空滚鞍下马
的姿态。

那些酸楚，那些痉挛的张看，
一般会由青转黄，
走向枝头，比如杏子熟了。

擦肩而过

去寺里点灯，将错过
天空的流沙，
掩埋石窟，封闭经书，
留待下一世的光阴。
沙州城外，
黄昏摇曳，将错过
玄奘一行，甚至忘了
打问莲花的消息。
如果明月初升，依旧
一贫如洗，
那么远在长安城内的
更声，照例错过了
敦煌以远的怅望与归义。
三将军犹如猎鹰，
盘踞城堞，

看见全天下的
虎豹、大象、狐狼和鸣禽，
依次错过了
立地成佛，
以及危险的和平，奈何！

在地平线的尽头，我错过了
菩萨，
和你。

道士塔

那些诵念，那些经文——

当时的木鱼，
不过是一只乞钵，
穿州走府，
祈祷天下。当时的袈裟，
很可能是一盏灯台，
在更深的夜里，皈依
石窟。当时的月光，
像少量的羊群，
一部分放生，剩下的
走上供台，
做了完美的牺牲。

在更远的天际，那些经文，
那些流沙……业已堆积，
成塔。

秋天从石窟前走过

落叶的匍匐，像今年的
那一场金刚法会，
人去楼空。

法会时，夏天
正好。我跟亲人们
细数沙粒，
计算着今生的疼痛，
以及羊皮上
写下的供养。
悲伤算不算一种
祈祷，没有人告诉我。
至少，我们牙关紧咬，

把眼前的今生，
当作一场广阔的
别离，不肯离弃。

落叶走过，窟子里头的
菩萨、世间和我，
开始点火，御寒。

真　经

其实，天空和云朵
乃是一部真经。

我从鹰隼的嘴里得知，
天空的最深处，一堆
篝火嘹亮；
佛陀和弟子们，鹑衣
百结，烧烤土豆——
在广寒的下界里，人们
停下手，用一贫如洗的月光
秘密取暖。

我从雨水的书信里看见，
那些弘法的仙鹤，
像寺庙与灯火；

谁打开了石窟，谁就是
早上的供果——
那一日，母亲大病初愈，
我抱她回家，犹如
抱起了白发苍苍的菩萨。

在敦煌借马

问菩萨借马，
一匹天马，牵出壁画。
把沙漠上的鲜花，
全部摘下，送给
远方和穷人，
不算口粮，仅仅是
一份恩养。向石窟借马，
留下佛陀
与弟子，
三日一餐，
看护经书。
其实道路还长，恒河
与印度，不像
传说中的那样。
在敦煌借马，月亮下，

我们穿好靴子，

像一双儿子。

这时，谁的内心饥饿，

引马向西，谁就会

站在天上的麦田，

波浪翻卷。

三危山记

三危山的佛光，有两种颜色：
一个叫昼，另一个是夜。

佛光中，一共有两座庙：
一个叫人间，另一个是苦难。

春天的庙里，坐着两尊神祇：
一个哑巴，另一个聋子。

金面神祇，带着两位弟子：
一个叫佛子，另一个则是道士。

我来到的日子，有两种可能：
一个在农历，另一个是前世。

在前世，我开窟造像：

农历八月，开始顶礼，焚香。

发　现

秋日的旷野上，神老了。

神已经
老了，在一截木头上，
一座石窟里，
一粒沙，一块发旧
的门板上。
神的确老了，开始
隐姓埋名，在肃杀的风中，
捡拾了落叶、飞鸟、泪滴
和香火，仿佛一位
破产的思想家，
充满了怀疑。神真的老了，
吹灭了灯笼，
渐渐退出了崎岖的天空，

一本供奉的经书，
反身而走，去和全部的
命运接头。神彻底老了，
与这个广大的秋天，
一起渡河，
寂灭的背影上，有一些
唏嘘，一些难以置信的
仓皇与诉说。

神老了，但世上的《神曲》
尚未写毕。

丰　收

我扶住了河流，请求
世上的僧侣、羊群和孩子，依次
打马而过，找见菩提和哭泣。

我修好了天空，看见
三个秋天攀援而下，并说出
它们的名字：青稞、大麦和葵花。

我支起了毡帐，邀请
酥油和炉火，坐在白度母
和阿妈的旁边，开始把脉问诊。

然后，我只身进入草原，
拾起那一双旧靴子，爱情是昨晚上
走失的，甚至来不及一声告别。

发生时

秋天发生时，必须向鹰道歉，
太多的成熟，让人放弃了仰望。

羊群发生时，需要返回
寺院，因为一些油灯，接近于干涸。

月亮发生时，一定要布置下
纸与笔，以及肃穆之外的一点微醺。

爱发生时，如果诗歌不足以代替，
就找见那一扇门，让桃花凋零。

天空发生时，盛大的云朵，其实是
一场生命的仪礼，梳理着羽翼。

无　限

无限的是：在秋天的一角，
一只鹰打开了孔道，
让南下的雁群，
穿上冰鞋，滑下了
崎岖的云层。

无限的是：如果在此时
点灯，照见了芦苇、石窟
和天下的沙粒，
那么一位菩萨将洗心革面，
起身，为莲花浇水。

无限的是：当一枚印信缓缓

铃下，在辽阔的宣纸上，
风暴归隐，月光如银，
一些历经了苦难的羔羊，
用毫尖，写下了清晰的爱情。

河　流

河流，骑在马上，
像秋天一样明净。

秋天里，总有一些消息
滚滚而来，比如老鹰。

老鹰是真正的船夫，
峨冠博带，站在源头。

其实，源头上的天空
与巨石，来自同一本经书。

河流的经书，施洗的
经书，正在修改内心的措辞。

秋天是明眼人，揉不得
一粒沙子，包括神圣的错误。

也许，恰是在这个季节，
两岸的菩萨和羊群，已经病愈。

没有人知道，那些翻卷的
书页里，一只马灯，以及

一些嘹亮的金鱼，肃立教堂，
看见秋天破门而入，泪下如雨。

自己的心经

有一场前世的泪水，下成了今晚上的鹅毛天气。

有一个爱，穿着靴子，须发皆白，今晚上转世而来。

有一盏灯，从佛龛里取出，添上这一生备下的酥油。

有一卷自己的心经，纵然不说，也并不一定苦尽甘来。

那么巧

那么巧，让我在冬天，
碰见了一只
掉队的
大雁。那么巧，
彼此握手，点烟，
互报姓名。

真的，我没有告诉它
关于纪律、法度与败北。不是
因为别的，你其实知道。

那么巧，在最荒凉的时候，
我把手伸进天空，
开始取暖，也终于在黑暗中
大雪纷飞。

第四辑　有多少鸽子飞过了新疆

有多少鸽子飞过了新疆

有多少鸽子飞过了新疆，天空没告诉我！

那一刻，我迎头碰壁
失败于美。——曾经，我和北方刎颈之交
逐日奔行，
我捡拾起大地的辞章、口唤和天命
与天山碰杯
和草原共醉；
我爱上了那一座羊毛毡房，像一只旧奶桶
挂在心上人的乳房；
我熟知篝火、罡风、灾难
以及一生中清贫的宴饮；
大地像一本流芳的经书，我领着
虎豹、大象和闪烁的鹰群，在两岸放浪
藐视天籁

不解其语；
甚至，我被秘密地宠坏，在一把银饰的刀子上
故弄玄虚
刻下无良的忧伤；
但是什么时刻，我和北方一朝决袂
质押了我？
什么样的神示，让我在内心的供词上
服法认罪？

而今，我羁留于此
失败于美；
——在这一世的光阴里，有多少鸽子飞过了新疆
天空没告诉我！

黄　昏

哦，这是亚洲的疲倦
大陆的奏鸣；
——落日若一尊古老的青铜器，脚步踉跄
在内心淬火
尤其当秋天到了，备好纸墨；
这时，最好一语不发
最好驯顺；
让天山成为一块发光的镇纸，按下
青春和狂乱。

此刻，唯有弯曲的天鹅，用美，用羽笔
写下一行嘹亮的标题。

这样就好

这样就好。暮色低垂，鹰也不醉。

我们守着半扇烤黄羊，一壶老酒
坐在边境线上；
七星高挂，一种神秘主义
的哀伤
像火中的诗卷，我们谈起了岁月、季节和风
以及世上的恩怨；
仿佛一双最初的儿女
秘密取暖。

这样就好。在一片高迥的大陆上
鲸鱼需要吐纳

犀牛仍在行走；
而繁星炽烈，内心的岩石
砌筑了颤抖的夜空。

这样就好。剩下的最后一口老酒，最好。

阿克苏：胡杨林遗址

许多年后，让人们去说吧——

“曾经，他们活在阿喀琉斯的时代，
赫克托耳的时代，荷马和屈原
恺撒和伊本·白图塔
长剑与醉侠
黄金与百合
一个江山迎娶美人的时代。

“那一夜，他们慢慢弯腰取火，烧烤哲学，钉住岁月。”

让我说

菩萨就坐在那里——

坐在白桦林
葡萄枝头
一条溪水的左岸
甚至一只失家的羊尾巴上；
云鬓发白
系着旧围裙；

有时候是母亲，有时是妻子
总之
像我的菩萨妹妹！

在天山深处伐木，我对这一派苍凉暮色知足常乐；
对自己
也肃然起敬。

冬夜叙事

“可是过多的雪，也会将冬天冻伤，
尤其在深夜，山河紧闭，羊圈裸露，流星如鼠兔。

“这样的时日，我们称之为：铁灾！
夜晚难熬，没有比黑夜更硬的一块铁，除了这种

“上苍的试探。幸亏有去年的干草，仿佛
一个人痛苦的拌料，连同星宿和隐忍一起饮下。

“在草原深处，一盏马灯
其实是一种光明的思想，就看你怎么看！

“转场的途中，我碰见过唐僧、孙猴子与猪八戒，也跟
张骞、霍去病、成吉思汗和叶舟你换过帖。

"嘘——山上有一只红狐，它有时像秤砣，令我扯心
有时又喊我老哥，问我借一杯酒，不信你给它打手机？

"是的！现在的这场雪，一定比清朝的小，否则
我爷爷就不会留下这么厚的一件皮袄。

"罡风刮过，风趁机摁住了毡房，以免它像一只空碗
被吹碎了。它知道，今夜我有一位客人，百年不遇。

"除了酒，我不上奶茶。
除了热情，我不算儿子娃娃。

"哦，我怀中的这一把短颈羊肠琴，只弹唱
春天和姑娘。不好意思，我还是个十足的老光棍

"但我有广大的儿女和人民，它们咩咩咩的
手拿唱本，而我不过是一只领歌的头羊。

"这时，火要旺，酒要烫，心脏像一堆燃烧的劈柴，
一个人繁复的想法要简单下来。

“这支歌，值一百两黄金
但对你分文不取。我不大度，我只在烂醉的时候，

“才像一位慷慨的富翁。——因为过多的雪来了
过多的春天，才能马不停蹄。

“我的声嗓里有一匹饿狼，请尖起耳朵！
请忘掉忧伤！”

誓　言

桦林里，一个过去的老公主
在打水
我要把她领回家，改口称呼阿妈！

羚羊犄角上，挂着一副
窝阔台的旧箭囊
我去把它埋在坡顶！

晒烫经书时，一些字母和意思溜了
蜂拥下山
我不喊不是人！

春天有点乱，而秋天
第一个将羔羊抱上了祭坛
我的眼泪一定会哭成血！

不久之后，将有一群悲伤的大雁
来这里换衣
告别时，我的膝盖向天空下跪！

像一生那么久，和天真的老虎一道
守住天山——我的圣徒
我的教义！

辞　别

在最后的塔什库尔干，我将
一丛鹰骸交给鸽子
将一页经书，砌进雪山。
我眺望边境线上的巴基斯坦
用一块砾石，在风中写下：
和平！

水滴一般的蜻蜓，像一组唱诗班
丢失的鞋子。
我卷起妖娆的天空，半亩苦荞
以及一切烟波浩渺的鸣禽
统统打入诗囊。
我爱过，于是我不虚此行。

只是，有一种广漠的热病，难以避离。
一番内心的表情，不与人知。

天山上的大象

这个白色巨人：它是经书里跑出来的
手执横笛，骑跃山梁
带着秘密的温度，以及
优雅的使命——
它吹奏，或者宣谕
仿佛自己的脊背上，坐着一位热泪长流的
唐朝僧侣。
它静穆，含着野心与隐忍
在苍凉的北方
刀枪入库，塑身为窟
一再拾取了战栗、美和天空的密语。
它低首，在接近终章的一刻
敛下鲜花、马灯、颂唱和奶桶
广洒佛雨
知人善任。

在迁徙的路上，一匹引颈向西的大象
匿名逐来，矗立山巅。

那个露水的早上，我史诗般的哈萨克阿妈
背起毡帐
踮脚，抚了抚天山的额顶。

天空是我的粮仓

让我落草在天空深处，鲜花绽放吧！

这一季，从山顶伐下巨石，蘸上日光
先把刀刃磨快。——秋风吹送，过往的英雄们
纷纷倒下，青春变凉；
像干草一样被缚，捆扎打包，砌筑于空中。

打草的日子里，我偶尔
坐入羊圈。只是，我周围这些如水的羊群
将构成明天的祭品；
我了解手中的镰刀，它有着滚滚的悲伤。

天空是我的粮仓

我失足今生，落荒成草；我走过的每一片草原
都像生锈的羊皮，用黯淡的墨汁
写下对命运的陈词。

让我落草在天空深处，枝繁叶茂吧！

走过多少北方

究竟，走过多少北方
才能在内心，攒下
一座虔敬的
教堂？
时常，我和星辰对视
在璀璨的云朵，和一根
上帝的火柴上
认见春天的风
爱情的伤
以及暮色苍茫中年迈的爹娘。
悲哀吗？不，在乱石
砌筑的谷仓中
一盏灯的忧伤无足轻重
甚至乖张。或者，痛彻吗？
不！当涉河入林

穿越燧火

一路上，拾取了今日的徽章。

只是，在一个人

孤绝走来的时刻——

发现七星

突入旷野，才知道

天空并不仅仅是一件陡峭的外衣。

走过多少北方，才能

在天鹅的身上

攒下，一座执信的

白色教堂？

雪中私语

雪多得要用四十七天，才能下完——

才能用八百辆牛车，六万支木锨，
一整个江布拉克草原上的
大声吆喝
才能慢慢下完。雪多得
要用一个天空，
从东到西的一场白毛风，一间
诚实的羊圈
一座婉转的北天山 才能下完。
真的！雪多得要用
闪烁的鹰群
狮子、大象、狐狼和密林深处的
兄弟姐妹们
跺脚，呼喊，哀告，才能款款下完。

雪多得第一天下，和第四十七天下
没有两样。
——下雪时，我在寺院里校经
第一页跟最后一页
竟毫无差错。

回　答

抱歉，我仍在这里继续——

河岸上的葵花，像一只只净瓶，
为灵魂守密。秋天熟了，唯有庄重的晚霞
在发光的鹰脊上，泄露天机。
败北于美，我像歌剧中的一介红发奴隶。

理所当然，我必须在边疆继续——

爱上简单的五谷，爱上羊鞭，
以及一个卑微者的身份。秋天熟了，万物仓皇
我向天鹅取暖，命令星光交出诗卷。
谁的心中没有帝王，我便面北朝南。

陈　述

曙光中出走的羊群，让暮色请回，
又被星光清点，但这并不是散步；

鹰在熬夜，守住世上唯一的灯绳，
大地悲愤难平，但这并不是一次交易；

那些澎湃的蜂巢，携带黄金字母，
酝酿一场经书中的奇迹，但这并不是阅读；

秋天用来仰望，可一只斑驳的破奶桶，
只好用内心箍紧，但这并不是肃穆；

伐木的人停下斧头，天山顶上，
白色象群在细数豌豆，但这并不是宴饮；

谁说流星有鬼？事实上，它要去会见三个人，
其中一位挎着算盘，但他并不是账房先生；

磨刀时，水面上会出现碑文，
那最先开口的人在报告天气，但他并不是头领；

今夜有喜，白色毡帐内，一个婴儿找见了乳头，
英雄夤夜而归，但他并不是父亲；

我在草原之夜流浪，向一位热泪盈眶的长者，
借了一条板凳，但他并不是佛陀。

续　写

原　文（酒泉民歌）

天留下了日月，
草留下了根；
人留下了子孙，
佛留下了经。

现　文

佛留下了日月，
人留下了根；
草留下了子孙，
天留下了经。

在边疆

天空不必讲述，因为葳蕤的鲜花
挣脱了寒冬，
以钻石的形象，让繁星
写下光芒的脚注。

在边疆，曾经多么热烈的青春
匹马北方　翩若游龙。

大地不必牵挂，因为奔涌的地火
淬炼了泪水，
每一阵长风吹过，都会有
信仰的萌芽悄然破土。

在边疆，曾经多么砥砺的奔走
只为了生命，不再是一篇空洞的布告。

爝火亦不必惊惧，内心的岩石
重若史前的青铜，
当黯淡的天幕上布满了问号，犹有
一只烈焰般的荆棘鸟，展开了翅膀。

在边疆，曾经多么层叠的朝霞
像一本崭新的百科全书，被亲手刻画。

第五辑　大唐西域记

出长安记

那一天，阴，间或微雨，
天空实沉，像一堆生铁的
秤砣，摇摇欲坠。
贫僧不才，借一辆泔水车
踅出了宫门，
净身离去。那一天，
我留下了锁钥、户籍、灵牌
以及半生积攒的书卷，
身轻如燕，不免
暗喜。长安城内
清水泼街，门面一新，
一些彩色的灯笼，攀缘
上下，犹若盛唐的钢管舞女。
那一天，典当铺里
犹在质押灵魂，

价廉伤人，一些无辜的
愿景，无处皈依。
拐过街角，国营书店的
黑板上有一条告示：
“皇帝的最新语录
不日到货，欲购从急。”
那一天，王大人胡同的
污水管破裂，
一些私藏的字画、绸缎
和名刺曝于天光之下。
在农民银行门前，两匹
驴子鼻息沸腾，
口衔鲜花，
充满了爱恋；一盏烟的工夫，
一场公开的交媾，
传来了利好之消息。那一天
芹菜还是芹菜，
糜子仍是糜子，但一筐
新鲜荔枝的出现，
让三位快递小哥，
口吐白沫，当即毙命。

路经禅寺，箍桶匠
在修补木鱼，
铁匠却拔掉了山门上
的一丛明钉；而肥硕的
方丈闭目入定，
正在给波斯的一位
太太，疗治血压和月经。
朱雀大街一带，
鼻涕娃娃们点燃了炮仗，
无照经营的李麻子，也适时
踩开了爆米花机，
冲天一怒，
混淆风气。那一天，
泡馍店里发生了斗殴，
谁也闹不清一堆碗里
可疑的肌肉，
究竟来自天鹅、地鼠、乌鸦，
还是亲爱的羊群。
沿着一只蟾蜍的引领，
叩响门环，我找见了
海关总局的李靖

和红拂女，接下来的事情
便易如反掌，类似
他们眼中生动的私情。
那一天，风筝祥瑞，
带着蜈蚣、蜻蜓、风车
和“吾皇万岁”的标语，
占据了头顶。午时过后，
鼓号嘹亮，弦索高奏，
一场庄严的欢送大会
群贤毕至，少长咸集，
拉开了序幕。那一天，
贞观三年，农历四月，
我闪身出走，
奔往西天。一抬头，
看见无限的云朵，仿佛
一卷广大而忧伤的佛经。

抱歉！那一天，我的
另一个我，我的幻影，我的
口舌，还在主席台上宣誓决心。

在高昌国问水

在此，我鞠躬致敬，
向这个干旱的国家，
借一个水囊，
一只瓢。
我要洗净白马，以及
来路上的全部荒凉，
并且让怀里的经书，
保持秘密的湿润
和光芒。

太阳若雪崩，照着
城堡、流沙，
众生和鸣禽。
我匍匐于天空这一面
干净的佛龛下，

开始问水——

哦，在悲伤的边疆，一定
有一匹隐忍的鲸鱼，
一座泪水的仓库。那时，
足够我们捡起一路上
的苦厄与怆然，
放下今生今世；
慢慢地，彼此冰释，
开始对饮。

帝国的边界

这里的落日，像一眼佛窟，
照着水草、游牧、谣唱和弯刀。

这里的城堞，埋着一只法螺，
需要足够的悲伤、隐忍与偈语去诠释。

这里有焰火，当香音神下凡，赠予了
锄头、连枷和草籽，一切将大为改观。

有时候，山下的八百里急递，并不
说明太子有恙，而仅仅为了新鲜的樱桃。

这里的月光，宜于诵经，因为
黑暗落潮，众山仿佛一群缄默的罗汉。

这里的集市，一般在午夜时开张，
有的兜售亡灵，大多数却谈议妓女的诚实。

这里秋风正紧，十二只天鹅分头
而散，去传布第一场暴风雪的坏消息。

有时候，我在窗下抄经，身后
是天竺，眼前却是此生中最坚硬的大气。

有僧路过阿富汗

有僧西去，一叶经，
一盏灯，
一捆草鞋和僧衣。
有僧西去，口诵佛号，
像一枚怒放的石榴，
内心独运。

那时候的阿富汗，
露水饱满，
牛羊遍地。
那时候的阿富汗晨钟暮鼓，
香火袭人。如果
天空是一座佛龛，
那么，通往天竺的路上，
便有月亮和狮子，

双手合十，

洒扫一新。

路经此地，有僧濡墨，

援管，扪心抄经。——那一年，

我和悲伤一起，

从夕光中打马还家，

看见群山肃立，

众佛有礼。

波斯一瞥

波斯的天空上，坐着
一只鹰，
春天吐蕊，
夏日芳菲。
天空中的那一只鹰，
并非国王，
而是法典和僧侣。

没有人听说过洪水，犹如
纸莎草的经文里，
不包括阴影。傍晚时，
有人在河水里打捞
金鱼
和内心。
假如隐忍是一种品质，那么

菩提树上的僧衣，
也就不足为奇。

今夜，露宿于月亮之下，
漱口净心，
让人世间一览无余。

今夜，一定要原谅蝴蝶
和亡灵，因为太多的生命
一直隐而不语。

冰山上的来客

用 只火镰
靠近冰山，却发现
羊群聚集，
在孵化一枚鹰卵。
在山腰的密室，
豹子出入，
披风戴雪；
因为一朵忧伤的
莲花，濒于难产。
蜻蜓来自夏季，
它脆弱的翅膀，恰好
可以丈量一个人
朝觐和皈依
的距离。天竺尚远，
有关恒河一带的平原，

鳄鱼横行，
彗星陨落；与这里的
冰封形成了反面。
山顶的湖泊忧伤如故，
野花成草，像寺里的
那一只净瓶，
熏香缭绕，
沐浴更衣；
一些游移的黑鱼，
来自经文，或者
人间的泪水，
从不曾凉却，诉说着
天庭以上的机密。
——如果仔细，便发现
此刻我站在了
须弥山的中央，依偎
在了如来的手心。

心　经

每一步，我都繁华落尽，
走进秋天的肃穆。

每一步，我扶起了倾斜的笔画，
坍塌的字母，筑桥结筏。

每一步，从色到空，
从空到色，我看尽了虚无。

每一步生死的路上，
我学会了微笑，却从不说出。

葱岭之上

和驴子一起，
驰越山岭，就好像
跟一群伙伴
歃血为盟，泄露
天机。和一盏灯
转过山隘，
仿佛与一个哑巴
坐在长安，
看破此生的红尘。
和一双芒鞋，
一把伞，走下
坡顶，那些曾经的
悲伤与漏洞，
也将秘密地
修复和痊愈。和一颗

流星，一根竹杖，
打问时间的流向，
却意外地获取了
豹子、蘑菇、佛陀
与顿悟的消息。
和一皮囊水，九卷
经书，一块干粮，
看见了苍茫的印度，
理所当然，就等于
找见了前世的
自己。和雨季一起，
穿过热带与贫瘠
的墟烟，喊来几个菩萨，
一朵莲花，请求
一场庄严的说法，与沐浴。

恒河一带

葵花不说，因为太阳已经
指定了穷人、经卷和抒情的银行，
驻留在这宽阔的两岸。

蓑羽鹤不说，当气流驰入了
信仰的南坡，便有僧衣与芒鞋，
拦住了惊马和流血的平原。

灯也不说，带着镰刀与宫殿，
在饥饿的旱季，在水中，
找见盐和一丛悲伤的火焰。

佛陀不说，他优美的手印，
类似于一本奥义，谁翻开了
典籍，谁就抱住了灰烬——

辨　识

白马身上的，不会是人，
乃一箧子佛经。

大象驮起的，不是佛陀，
更像一个穷人。

寺庙顶上的，不是月光，
其实是一阵甘霖。

须弥山下的，不是河水，
有可能是今生。

迎头面见的，不会是你，
绝对是我的天命。

天竺之行

平原以西，那骑在一匹
白象上的是谁？
干旱已深，雨季
像一封作废的书信，
那在泥泞的滩涂上打滚的
鲸鱼是谁？五月之后，
集市开始密集，
一只蛇闻笛跃起，口吐
抱怨，那抱着鲜花
的尊者却是谁？
往往在这个时候，
悲伤价廉，一些清贫的
生计可以被忽略。
但是，一只不忍别弃
的白鹤，弯下了头颈，

浣洗蓑衣，
晾晒经书，决不
说出天空的机密。
那一刻，风像一片灰尘，
浆果落地，
寻找着自己的根茎，而
湍急的星群上，三匹
火红的狮子，
正在浇灌着菩提。
是谁？在崎岖的人世，
在崖壁，在纸莎草上，
留下了自己的肖像，
接着焚毁？谁又用一盏灯
代替膏药，
穿州走府，摸进了
这一座鸽子颂唱的
广大废墟？

蓝毗尼的偈语

我揭去一片阴影，点种，浇水，培土。

我看见世上的菩萨们长势优良，筋骨茂密。

我爱着这一丛药草，包括月亮和蝼蚁。

哭　泣

来一场柔软的哭泣，多么不易。

我抱住自己，不让
天空看见，
即便凤凰拾走了我的
僧衣。我藏下的
那一盏灯，
油尽心枯，但眼泪
一定会让它燃起。
决不！我不会告诉
迎面而来的鸦群、虎豹、
罡风与雪雨，
包括每一个人微笑的
示意。我和这沉疴已久的
大地跌落一起；

一次秘密的疗治，可能
就来自广阔的哭泣。

有一次爱戴的哭泣，多么珍贵。

我代替月亮，站在
这繁星湍急
的头顶。我晾晒下
白马、佛龛、
经匣与偈语，
以及一条修远路上的
仓皇和败北。
是的，我还要吹响
一只凌乱的巨鹰，
揭开云朵，请它下凡，
去把普天下的鲜花
一一扶起。
我斟下一杯眼泪，突然
失手破碎，看见菩萨捡起了
人世间的全部荆棘。

《大唐西域记》

就此，我开始给皇帝
写一本书，陈述地平线上的
焰火，西域的开支，
以及游牧的氏族。
开始了，我必须给
帝国写一本书，渲染
梵音流布，万邦
来朝；仿佛一只巨鹰
扣住了地球，没有危卵
与猜忌，唯有鲜花传袭。
就这样，我开始给
修远的道路，给一册
崎岖的山河
写一本书；诉说一个人的
跌仆与泪水，其实

是秘密的叩首和供养，
有待时间的鉴定。所以，
我开始给一双芒鞋，一盏灯，
一匹晴朗的白马，
写下一本感恩之书；只有
它们知晓我光辉的败北，
包括一些暗夜的哭泣，并且
扶起我，掸落悲哀，
一路向西。因此，
我开始给坡下的
天竺，给恒河上的鱼群，
包括猴子与浆果，
缘起和明灭，写下一本
热带之书；请求这弯曲的
天空，埋下一个人
青春的骨灰，等待春风
和下一世的破土。
终于，我开始为佛陀，
为他一辈子荒凉的修为，
药草和银针，舍利
与僧衣，写下一本

世界之书；我闪身入内，
在书中开窟造像，并且
布置好月光、莲花、净水
与菩提；我曾经深爱的
一切，终于安然如故，
馨香扑鼻。必须的，我要给
天下的苍生，给炊烟和羊圈，
疾病与五谷，写下一本
治愈之书；不久之前
我们还端着一只只
清贫的饭碗，守望黄昏，
不弃不离；在这一场湍急的
生命当中，狭路相逢，
彼此默默记取。顺便地，
我要为自己写下一本
苍凉之书，因为一次引颈，
一次眺望，一番热烈的
追逐与爱戴，天空
将我带到了如此之远，让我
马革裹尸，残缺
不断，却又像一支滚烫的

墨笔，掏出了誓死的内心。

而今，我合上了书卷，
与佛陀比邻。——举目看见
这烂漫的人间大地，
众生诵唱，万法归一。

在译场

在这里，我扶起
呕吐的字母，眩晕的
音节，掸净它们身上
黯淡的灰尘。梦里
不知身是客，这些辗转
而机密的恩人，将代替我，
说出另一种灵魂的法则。

在这里，我捡起一片
残经，一句破损的偈语，
一只忧伤的木鱼。我在
长安买药，月下炼丹，
慢慢疗治好水土不服，
以及它们痉挛的身影。这时
的春雨，不过是一次苏醒。

在这里，我种下了佛陀
与菩提，并在辽阔的宣纸
和帝国的内心，浇水，
剪枝，培土，施肥。我知道
生命是一次远行，如果
我梦见了天竺或西域，
我和每一颗字词，属于皈依。

在这里，月亮终年下雪，
秋风却带来觉醒，我用毛笔，
打落了树上的因果，
看见爹娘和普天下的人民，
开始面对观音。自此，般若、
众生、刹那、供养、解脱、
大千、圆满……来自佛经。

大慈恩寺

塔尖上的那一双鸟，
一只是慧明，一只叫空色。

塔顶上的那一扇窗棂，
外边是尘世，里头叫解脱。

塔身上的那一挂铁马，
后半夜惊魂，黎明前悄寂。

塔座上的那一丛野花，
前生是荆棘，下一世叫莲花。

塔基下的那一枚灵骨，
一半是玄奘，另一半叫唐僧。

诀　别

向这一双芒鞋顿首，
曾经，它带走了我的青春，
抵达天边，埋下了
热情与骨殖。但没有人
知道一切底细，
哪怕世上的穷人们
打草编织，只有它
才适合我凄凉的出行。

向这一件僧衣顿首，
借着月光，抖落它身上
深刻的寒意。
即便乌鸦在此筑巢，
我仍然记得，那些农事
与桑麻，乃是一份养育。

其实，一个人最远的
半径，就是回到自己。

向这一具肉身顿首，
慢慢取出它经年呵护的
灯台，而后吹熄。
秋风是一次道场，
沐浴、诵念、脱缁，且将它
入藏于一座塔底。
如蒙恩典，千年之后，
犹有美和救赎的雁群。

向这一面佛龛顿首，
拨开云雾、流岚、闪电
与霹雳，喊醒天空，
为人世间打开方便之门。
那么久了，一个少年的奔跑
归入了日暮，又拿起
墨笔和天梯，去将明月
和经卷，逐一修复。

图书在版编目（CIP）数据

诗般若 / 叶舟著. -- 长沙 : 湖南文艺出版社, 2019. 1
ISBN 978-7-5404-8235-0

Ⅰ. ①诗… Ⅱ. ①叶… Ⅲ. ①诗集－中国－当代
Ⅳ. ①I227

中国版本图书馆CIP数据核字(2018)第183134号

诗般若
SHI BO RE

作　　者：叶　舟
出 版 人：曾赛丰
责任编辑：陈新文 耿会芬
整体设计：萧睿子
内文排版：钟灿霞　谭　细　圣湘宁　陈慧敏

出版发行：湖南文艺出版社
（长沙市雨花区东二环一段508号 邮编：410014）
网　　址：http://www.hnwy.net
印　　刷：长沙超峰印刷有限公司
经　　销：新华书店
开　　本：787mm × 1092mm　1/32
印　　张：6.75
字　　数：110千字
版　　次：2019年1月第1版
印　　次：2019年1月第1次印刷
书　　号：ISBN 978-7-5404-8235-0
定　　价：42.00元